MOLIÈRE

LA COMTESSE
D'ESCARBAGNAS

PARIS
Librairie E. Flammarion
M DCCC XCV

LES PIÈCES DE MOLIÈRE

LA COMTESSE D'ESCARBAGNAS

TIRAGE A PETIT NOMBRE

Il a été tiré en outre :

20 exemplaires sur papier du Japon, avec triple épreuve de la gravure (nos 1 à 20).
25 exemplaires sur papier de Chine fort, avec double épreuve de la gravure (nos 21 à 45).
25 exemplaires sur papier Whatman, avec double épreuve de la gravure (nos 46 à 70).

70 exemplaires, numérotés.

MOLIÈRE

LA COMTESSE D'ESCARBAGNAS

COMÉDIE EN UN ACTE

AVEC UNE NOTICE ET DES NOTES

PAR

GEORGES MONVAL

Dessin de L. Leloir

GRAVÉ A L'EAU-FORTE PAR CHAMPOLLION

PARIS

LIBRAIRIE DES BIBLIOPHILES

E. FLAMMARION SUCCESSEUR

Rue Racine, 26, près de l'Odéon

M.DCCC.XCV

NOTICE

SUR

LA COMTESSE D'ESCARBAGNAS

La Comtesse d'Escarbagnas *n'a qu'un acte. Pourquoi donc, au-dessous du titre qui va suivre (page 3), lit-on ces mots* : Acte premier, *reproduits d'après la plus ancienne édition ? C'est que cette petite pièce forma d'abord le premier acte de la comédie qui servit de cadre au* Ballet des Ballets ; *la suite était une Pastorale dont le texte n'est pas parvenu jusqu'à nous, et sur laquelle Édouard Fournier avait promis des détails que sa mort laissa inédits.*

La Comtesse d'Escarbagnas *ne fut pas imprimée du vivant de Molière, qui ne la considérait sans doute que comme une bagatelle destinée à l'oubli. Elle parut, pour la première fois, dans le tome VIII de l'édition de 1682 ; mais, dès 1671, Robert Ballard avait publié le livret in-4° du* BALLET DES BALLETS, *dont un Avant-propos nous explique le titre :*

« Le Roi, qui ne veut que des choses extraordinaires dans tout ce qu'il entreprend, s'est proposé de donner à Madame, à son arrivée à la Cour, un divertissement qui fût composé de tout ce que le théâtre peut avoir de plus beau ; et, pour répondre à cette idée, S. M. a choisi tous les plus beaux endroits des divertissements qui se sont représentés devant Elle depuis plusieurs années, et ordonné à Molière de faire une comédie qui enchaînât tous ces beaux morceaux de musique et de danse, afin que ce pompeux et magnifique assemblage de tant de choses différentes puisse fournir le plus beau spectacle qui se soit encore vu pour la salle et le théâtre de Saint-Germain-en-Laye. »

Ce fut le 2 décembre 1671 que la nouvelle duchesse d'Orléans, la jeune princesse palatine Charlotte-Élisabeth de Bavière, arrivée de la veille à la Cour, eut le divertissement du BALLET DES BALLETS. *La* COMTESSE D'ESCARBAGNAS *fit-elle, dès ce premier jour, partie du spectacle ? Le livret de 1671 autorise à le penser, puisqu'il donne les « noms des acteurs » de la petite pièce avant ceux de la Pastorale.*

Remarquons toutefois que l'édition de 1682, publiée par les soins de La Grange, l'un des acteurs de LA COMTESSE, porte que la pièce fut représentée « pour le Roi à Saint-Germain-en-Laye au mois de février 1672 », et que le REGISTRE particulier du même La Grange n'en parle pas aussi avant cette date :

« *Mardy 9ᵉ Février. La Troupe est partie par ordre du Roy pour Saint-Germain, et est revenue le vendredy 26ᵉ.* ESCARBAGNAS, *balet.* » Et, deux pages plus loin : « *le 17 février, Mlle Béjard est morte pendant que la Troupe était à Saint-Germain pour le Ballet du Roy, où on joua la* COMTESSE D'ESCARBAGNAS », de laquelle il n'est pas question au voyage de décembre précédent.

Peu importe, au reste, cet écart possible de deux mois. Ce qui est bien établi, c'est le succès du BALLET DES BALLETS, qui fut donné quatre fois en décembre, repris en février et continué pendant tout le carnaval : la Cour ne se lassait pas de revoir les meilleurs fragments du BALLET DES MUSES, des secondes FÊTES DE VERSAILLES, du BOURGEOIS GENTILHOMME et de PSYCHÉ, agréablement « enchaînés » par la comédie nouvelle.

Molière, encore une fois pris de court, et au moment où il mettait la dernière main à sa grande fresque des FEMMES SAVANTES, ne put qu'ébaucher à la hâte un petit tableau de la vie provinciale, dernière récolte de ses pérégrinations de jeunesse. Puisant à la source féconde qui lui a fourni les Précieuses Ridicules, le couple Sotenville et Léonard de Pourceaugnac, il se souvint d'avoir visité Angoulême au temps de la Fronde, alors que M. de Montausier succédait à d'Epernon au gouvernement de Saintonge et Angoumois.

Il nous a déjà dit un mot du beau monde de petite ville, présenté Madame la baillive et Madame l'élue, et fait entrevoir les surprenants plaisirs du crû, le bal et la grand'bande, Fagotin et les marionnettes : cette fois, il met en scène un robin bel-esprit, un receveur brutal et grossier, Turcaret avant Le Sage, un précepteur pédant et servile, et, pour ajouter une figure inoubliable à sa galerie de grotesques, il peint au centre du tableau une sotte provinciale qui veut singer les airs de Paris où, pour se conformer au code de la galanterie, elle a fait un petit séjour [1].

Sa peinture n'est pas aussi « poussée » que celle de l'échappé de Limoges, qu'il a tympanisé sans ménagement. Mais Molière a trop de tact et de mesure pour oublier qu'ici sa victime est une femme, et c'est d'une main légère qu'il la flagelle, détour-

---

[1]. « Les provinciaux ne pourront jamais avoir l'air du grand monde, s'ils n'ont demeuré quelque temps dans ce superbe lieu, qui est un abrégé du monde universel. » (Les Loix de la Galanterie, de nouveau corrigées et amplifiées, dans le Recueil de pièces en prose de Sercy, 1re partie, 1658, p. 46.)

nant le gros des coups sur des ridicules voisins, comme Tibaudier, Harpin et M. Bobinet.

Selon Bruzen de la Martinière, ce dernier rappellerait un Charles Gobinet, docteur en Sorbonne et principal du collège du Plessis, adversaire déclaré de la comédie et des spectacles.

Le regretté Benjamin Fillon voyait dans la veuve angoumoisine une certaine Sara de Pérusse, fille du comte d'Escars et femme du comte de Baignac : des deux noms, Molière aurait fait Escarbagnas.

Moins vraisemblable et plus hasardée encore est l'hypothèse de M. Baluffe, qui voudrait reconnaître dans la Comtesse une Mme d'Anguitar dont il est souvent parlé dans les LETTRES de Guez de Balzac [1]. Il faut vraiment une grâce spéciale pour découvrir la moindre parenté entre la désagréable, extravagante et prétentieuse pecque d'Angoulême, et cette sage, sensée, spirituelle, modeste, respectable et très estimée Saintongeoise, correspondante et amie de Balzac, qui vante çà et là l'intelligence parfaite, la raison, la vertu, les grâces singulières de Mme d'Anguitar, et ses vives lumières « dont les étoiles ne sont que les ombres ».

J'admettrais plus volontiers que le « rare » M. de la Thibaudière, leur ami commun, ait pu fournir

---

1. *Autour de Molière*, Plon, 1889, p. 237, où M. Baluffe insinue que « le sujet, les types et le ton de la *Comtesse d'Escarbagnas* ont pu être donnés par Balzac. »

au moins le nom de Tibaudier, encore que M. de la Thibaudière fût, non pas de robe, mais d'épée.

B. Fillon avait remarqué déjà que Tibaudier et Harpin étaient des noms portés par nombre de gens depuis les bords de la Charente jusqu'à ceux de la Loire. Mais si Molière a pu prendre dans la contrée le nom de son conseiller métromane, il a certainement rencontré le personnage même dans Angoulême : Mathurin Martin, conseiller au présidial de cette ville, avait chanté, en un poème de 400 vers, la Touvre, la merveilleuse rivière « pavée de truites, lardée d'anguilles, bordée d'écrevisses et couverte de cygnes [1] », qui « arrouse Angolesme ». C'était bien là une muse locale, qui ne put échapper à l'attentive curiosité de Molière, et, si nous ne connaissons de Mathurin Martin que ledit poème aquatique, imprimé à Angoulême en 1635 [2], nul doute qu'il n'ait adressé à la Chloris dont il y parle, de petits vers galants dans le goût des « versets » de son compatriote et collègue Tibaudier [3].

---

1. P. du Val, géographe de S. M., *Description de la France*, 1re partie, 1667.

2. Par Claude Rezé, imprimeur du Roy et de la Ville, pet. in-4° de 23 pp.

3. N'oublions pas ici un autre collègue de Mathurin Martin, Paul Thomas de Girac, compatriote et intime ami de Balzac, fameux par sa longue querelle avec Costar au sujet de Voiture. Il était *conseiller au siège présidial d'Angoulême*, et mourut en 1663. Nous ne connaissons que sa prose ; mais ne faisait-il pas aussi des vers, comme son père ?

Le sonnet à Iris, que dit le vicomte Cléante à la première scène, pourrait être de Montausier, poète à ses heures, et qui, tout « honnête homme » qu'il fût, se piquait parfois de bel-esprit. Dès l'âge de quatorze ans, ne composait-il pas sonnets et madrigaux, et plus tard des épîtres que Molière enveloppait indistinctement de cette plaisante étiquette : « vers de qualité » ?

Et ce nom de Julie donné à la Marquise est peut-être un souvenir à Mme de Montausier, qui venait de mourir quinze jours avant la première de la Comtesse d'Escarbagnas. La spirituelle Julie d'Angennes, brusquement transplantée des délicatesses de l'hôtel de Rambouillet dans le gouvernement un peu sauvage de son mari, avait dû s'amuser fort des ridicules de ces provinciaux, qu'elle contribua sans doute à civiliser. C'est vingt ans après son séjour en Angoumois que l'enthousiaste Savinien d'Alquié dira des femmes du pays qu' « elles sont les mieux faites et les plus spirituelles du Royaume, surtout à Angoulême ; elles y ont communément plus d'esprit et un air plus propre et plus aimable pour la compagnie que les hommes ; elles y sont belles et généreuses, et leur entretien est des plus aimables [1] ».

Nous voilà loin de Mme d'Escarbagnas : nous

---

1. *Les Délices de la France*, 2e partie, 1670.

avons cependant, pour en finir avec les sources de la pièce qui l'a immortalisée, à réduire à sa juste mesure une assertion du Conservateur *de septembre 1757, que personne n'a combattue :*

« *La comédie de* Boniface et le Pédant *a fourni plusieurs traits à Molière, entr'autres la scène de la* Comtesse d'Escarbagnas *où le précepteur fait répéter à l'enfant sa leçon de Despautère : elle est ici* mot pour mot. »

En réalité, ce « *mot pour mot* » *se borne à la citation du* Rudiment : « Omne viro soli quod convenit esto virile, » *dont une application analogue se trouvait déjà au § 32 du* Moyen de parvenir.

Je transcris, pour qu'on en puisse juger, la scène de Boniface, *traduction donnée par un anonyme, en 1633, du* Candelaio *de G. Bruno (1582) :*

La Coque, *vêtu en commissaire*. — Si vous êtes Maître d'École, dites-moi, qu'enseignez-vous premièrement aux enfans ?

Mamphurius. — Dans la Grammaire de Despautère, on lit ce vers tout le premier :

Omne viro soli quod convenit, esto virile.

La Coque. — *Declara.*

Mamphurius. — *Omne*, id est, totum, quicquid, quid libet, quodcumque, universum ; *Quod convenit*, congruit, quadrat, adest. *Viro soli*, id est, duntaxat, tantum modo, solummodo viro. *Esto*, id est, sit, vel dicatur, vel habeatur virile ; c'est-à-dire, ce qui convient seulement à l'homme est viril.

La Coque. — Quelles propositions sont-ce là qu'ils enseignent premièrement aux enfants ? Ce que seulement les hommes ont, et qui manque aux femmes, cela soit et s'appelle viril, c'est-à-dire je ne l'ose dire. Par ma foi, voilà de fort belles leçons !

Mamphurius. — *Nego, nego,* je ne dis pas ce que vous pensez (voyez comme il importe de parler à des gens qui ne sont pas savants), je parle du genre qui convient aux mâles [1].

La Comtesse d'Escarbagnas *fut jouée au moins trois fois à Saint-Germain en février* 1672, *le* 10, *le* 14 *et le* 17. *On n'a malheureusement aucun renseignement sur la partie du château et sur la salle où se donnaient ces représentations ; mais le livret de Ballard nous fait connaître la première distribution :*

Le Vicomte	La Grange.
M. Tibaudier	Hubert.
M. Harpin	Du Croisy.
M. Bobinet	Beauval.
Le petit Comte	Gaudon.
Criquet	Finet.
Jeannot	Boulonnois.
La Comtesse	Mlles Marotte.
Julie	Beauval.
Andrée	Bonneau.

---

1. *Boniface et le Pédant* (acte IV, scène xvi).

De ces dix noms, six nous sont connus comme appartenant à des comédiens ordinaires du théâtre du Palais-Royal; ceux qui ne jouaient pas dans la COMTESSE[1] *avaient un rôle dans la* PASTORALE : *Molière et Mlle Molière en avaient même deux : le 1er pâtre et un Turc, la bergère en homme et la bergère en femme; la Thorillière jouait le 2e pâtre; Baron, l'amant berger et Mlle de Brie, la nymphe. Mlle Marotte allait devenir, en avril, la femme de La Grange et, de gagiste, passer sociétaire. Mais à quelle troupe appartenaient Gaudon, Finet, Boulonnois et Mlle Bonneau, que nous rencontrons ici pour la première et dernière fois ? Étaient-ce des comédiens de profession, ou des acteurs de hasard, recrutés dans l'entourage de la troupe et rapidement stylés à dire les quelques mots de leurs bouts de rôles ? Finet, lui, devait être un paysan de Chennevière, où les Du Croisy avaient une maison de campagne : j'ai relevé, sur les registres de Conflans-Sainte-Honorine, à la date du 17 novembre 1670, le baptistaire d'un fils de Jacques Finet et de Nicole Mayeux; la marraine était Marie Claveau, la femme de l'acteur qui créa le rôle de M. Harpin*[2]. *Quant à Boulonnois, il est porté sur le* REGISTRE *de*

---

1. C'est, avec la *Critique de l'École des Femmes*, le seul de ses ouvrages dans lequel Molière n'ait pas pris un rôle.
2. *Une colonie de comédiens à Conflans-Sainte-Honorine*, par G. Monval, br. in-8°, Pontoise, 1889.

Hubert, à la date du 14 juin 1672, comme créancier de 3 livres, à celle du 17, de 4 l. 5 s.

Je ne sais où Bret a trouvé que le rôle de la Comtesse « était un de ceux que Molière avait faits exprès pour Hubert ». Grandval le père, un contemporain, dans une note par lui fournie aux frères Parfaict, limite à trois le nombre des rôles travestis créés par Hubert : Mme Jourdain, Philaminte et la Devineresse ; on y peut ajouter Mme Pernelle, qu'il hérita de Béjart cadet retraité. Mais Mlle La Grange tint le rôle d'Escarbagnas, qui lui avait valu celui de Bélise et la demi-part dans la Société, jusqu'au départ d'Hubert (1685), et quand elle se retira à la mort de son mari (1692), le rôle passa à Mlle Du Rieu, en même temps que celui du Vicomte à Raisin l'aîné.

De retour à Paris le 26 février, Molière n'eut que le temps de répéter les FEMMES SAVANTES, qui passaient le 11 mars, et la COMTESSE D'ESCARBAGNAS ne parut au Palais-Royal que le vendredi 8 juillet suivant[1] : le ballet de Saint-Germain et la PASTORALE étaient remplacés par le seul MARIAGE FORCÉ, avec musique nouvelle de Charpentier et danses de Beauchamp.

La petite pièce retrouva à Paris le succès qu'elle

---

1. Recette : 716 livres. 14 représentations consécutives.

avait eu à la Cour ; elle se jouait encore quelques semaines avant la mort de Molière, et elle resta au répertoire jusqu'à la fin du xviiie siècle. Il faut remarquer qu'alors on ne dédaignait pas de la monter avec le même soin qu'un grand ouvrage, et que les plus petits rôles en étaient tenus par des sociétaires renommés. Aussi la donnait-on souvent comme fin de spectacle, et elle parut onze fois sur les répertoires de la Cour, à Versailles et à Fontainebleau, de 1772 à 1789 : Monvel ou Molé jouait le Vicomte ; Bouret ou Bellemont, M. Tibaudier ; Des Essarts, Courville ou Bonneval, M. Bobinet ; Augé, Feulie, Préville, Dugazon ou Bellecour disait les quatorze lignes du rôle de Criquet ; Dugazon, Dazincourt ou Feulie, les dix de celui de Jeannot ; le Comte, rôle d'enfant qui n'a pas dix mots, servit de début au jeune Nivelon et fut souvent joué par une petite fille, Dumont ou Joly. La Comtesse était le triomphe de Mmes Drouin et La Chassaigne, qui excellaient dans les caractères ; Mmes Préville, Contat et Molé alternaient dans Julie, et le petit rôle d'Andrée passait de Mme Dugazon à Mme Bellecour et à Mlle Joly.

On a pu remarquer, dans cette nomenclature, l'absence de M. Harpin : ce rôle avait été retranché depuis longtemps, et, en 1786, Cailhava reprochait aux comédiens cette suppression « barbare ». Est-ce de leur autorité privée ou par ordre supérieur qu'ils avaient allégé la fin de la pièce en « coupant » l'homme de finance, c'est ce que je n'ai pu encore établir, mais il ne serait pas impossible que cette mutilation remontât au temps de la Régence.

L'ancien Théâtre-Louvois avait maintenu à son répertoire cette petite pièce, qui plaisait toujours, grâce au jeu vraiment comique de Mme Julie Molé.

Mais la Comédie-Française ne la reprit qu'en 1836, le dimanche 17 janvier, avec la distribution suivante : le Vicomte, Mirecour; Harpin, Guiaud; Tibaudier, Provost; Bobinet, Régnier; Jeannot, Monlaur; Criquet, A. Dailly; le Comte, Alexandre; la Comtesse, Mme Tousez; Julie, Mlle Verneuil; Andrée, Mlle Dupont.

Cette soirée n'eut pas de lendemain : quelques sifflets s'étaient fait entendre. Le COURRIER DES THÉATRES reprocha aux valets de la Comtesse d'être entrés en mangeant une large tranche de pain et mordant à même une pomme; un excès de pruderie avait fait couper le latin du petit comte, représenté par un figurant muet.

Vingt-huit ans se passèrent sans que la pièce reparût sur l'affiche. M. Edouard Thierry, qui aimait à reprendre ces « vieilleries », injustement oubliées, la remonta en 1864 pour Mme Jouassain, avec des fragments de MÉLICERTE comme divertissement. Cette tentative de résurrection ne fournit que trois soirées, 27, 29 juin et 3 juillet : Talbot jouait

Harpin ; Barré, Tibaudier ; Eug. Provost, Criquet ; Guichard, le Vicomte ; Verdellet, M. Bobinet ; Andrieu, le Comte ; Séveste, Jeannot ; Mme Jouassain, la Comtesse ; Mlle Ponsin, Julie, et D. Félix, Andrée.

Il faut attendre encore vingt ans pour voir reparaître la Comtesse, cette fois sous les traits de Mme Aubernon, et sur un théâtre particulier, celui du Square de Messine. La soirée du 10 mai 1884 comptera parmi les plus curieuses dans l'histoire des théâtres d'amateurs. La musique du divertissement était de M. Sauzay.

Enfin, l'Odéon a, l'année dernière, donné une représentation de la COMTESSE D'ESCARBAGNAS avec Mme Dunoyer dans le rôle principal : selon l'ancienne tradition, le petit comte était joué par une femme.

On peut donc dire, en résumé, que la génération actuelle n'a jamais vu la petite pièce de Molière à la scène. Cette éclipse tient à deux causes : l'indifférence du public ignare pour des types abolis, pour des ridicules dont l'original n'existe plus — dit-on — même en province, je le veux croire ; la plus grave, à mon sens, est la faiblesse de l'interprétation.

Nous venons de voir comment la pièce était montée au siècle dernier, réunissant des comédiens comme Molé, Monvel, Préville et Dugazon, des comédiennes comme Mlles Contat, Drouin, Bellecour et Joly. Qu'on fasse aujourd'hui une distribution analogue, que les répétitions soient aussi nombreuses et suivies que s'il s'agissait des PETITES MARQUES ou de la FEMME DE TABARIN, et nous répondons du succès.

GEORGES MONVAL.

LA COMTESSE
D'ESCARBAGNAS

COMÉDIE

ACTEURS.

LA COMTESSE D'ESCARBAGNAS.
LE COMTE, son fils.
LE VICOMTE, amant de Julie.
JULIE, amante du Vicomte.
MONSIEUR TIBAUDIER, Conseiller, amant de la Comtesse.
MONSIEUR HARPIN, Receveur des Tailles, autre amant de la Comtesse.
MONSIEUR BOBINET, précepteur de monsieur le Comte.
ANDRÉE, suivante de la Comtesse.
JEANNOT, laquais de monsieur Tibaudier.
CRIQUET, laquais de la Comtesse.

La scène est à Angoulême.

LA COMTESSE D'ESCARBAGNAS

ACTE PREMIER

SCÈNE PREMIÈRE

JULIE, LE VICOMTE.

Le Vicomte.

Hé quoi ! Madame, vous êtes déjà ici ?

Julie.

Oui ; vous en devriez rougir, Cléante, et il n'est guère honnête à un amant de venir le dernier au rendez-vous.

LE VICOMTE.

Je serois ici il y a une heure, s'il n'y avoit point de fâcheux au monde, et j'ai été arrêté en chemin par un vieux importun de qualité, qui m'a demandé tout exprès des nouvelles de la Cour pour trouver moyen de m'en dire des plus extravagantes qu'on puisse débiter ; et c'est là, comme vous savez, le fléau des petites villes, que ces grands nouvellistes qui cherchent partout où répandre les contes qu'ils ramassent. Celui-ci m'a montré d'abord deux feuilles de papier, pleines jusques aux bords d'un grand fatras de balivernes, qui viennent, m'a-t-il dit, de l'endroit le plus sûr du monde. En suite, comme d'une chose fort curieuse, il m'a fait avec grand mystère une fatigante lecture de toutes les méchantes plaisanteries de la *Gazette de Hollande*, dont il épouse les intérêts. Il tient que la France est battue en ruine par la plume de cet écrivain, et qu'il ne faut que ce bel esprit pour défaire toutes nos troupes ; et de là s'est jeté à corps perdu dans le raisonnement du Ministère, dont il remarque tous les défauts, et d'où j'ai cru qu'il ne sortiroit point. A l'entendre parler, il sait les secrets du Cabinet, mieux que ceux qui les font. La politique de l'État lui laisse voir tous ses desseins, et elle ne fait pas un pas dont il ne pénètre les intentions. Il nous apprend les ressorts cachés de tout ce qui se fait, nous découvre les vues de la prudence de nos voisins, et remue à sa fantaisie toutes les affaires de l'Europe. Ses intelligences même s'étendent jusques en Afrique, et en Asie ; et il est informé de tout ce qui s'agite dans le Conseil d'en haut, du Prête-Jean, et du Grand Mogol.

JULIE.

Vous parez votre excuse du mieux que vous pouvez, afin de la rendre agréable, et faire qu'elle soit plus aisément reçue.

LE VICOMTE.

C'est là, belle Julie, la véritable cause de mon retardement ; et, si je voulois y donner une excuse galante, je n'aurois qu'à vous dire, que le rendez-vous que vous voulez prendre peut autoriser la paresse dont vous me querellez ; que m'engager à faire l'amant de la maîtresse du logis, c'est me mettre en état de craindre de me trouver ici le premier ; que cette feinte où je me force n'étant que pour vous plaire, j'ai lieu de ne vouloir en souffrir la contrainte que devant les yeux qui s'en divertissent ; que j'évite le tête-à-tête avec cette Comtesse ridicule dont vous m'embarrassez ; et, en un mot, que, ne venant ici que pour vous, j'ai toutes les raisons du monde d'attendre que vous y soyez.

JULIE.

Nous savons bien que vous ne manquerez jamais d'esprit pour donner de belles couleurs aux fautes que vous pourrez faire. Cependant, si vous étiez venu une demi-heure plus tôt, nous aurions profité de tous ces moments ; car j'ai trouvé en arrivant que la Comtesse étoit sortie, et je ne doute point qu'elle ne soit allée par la ville, se faire honneur de la comédie que vous me donnez sous son nom.

Le Vicomte.

Mais, tout de bon, Madame, quand voulez-vous mettre fin à cette contrainte, et me faire moins acheter le bonheur de vous voir ?

Julie.

Quand nos parents pourront être d'accord, ce que je n'ose espérer. Vous savez comme moi que les démêlés de nos deux familles ne nous permettent point de nous voir autre part, et que mes frères, non plus que votre père, ne sont pas assez raisonnables pour souffrir notre attachement.

Le Vicomte.

Mais pourquoi ne pas mieux jouir du rendez-vous que leur inimitié nous laisse, et me contraindre à perdre en une sotte feinte les moments que j'ai près de vous ?

Julie.

Pour mieux cacher notre amour. Et puis, à vous dire la vérité, cette feinte dont vous parlez m'est une comédie fort agréable, et je ne sais si celle que vous nous donnez aujourd'hui me divertira davantage. Notre Comtesse d'Escarbagnas, avec son perpétuel entêtement de qualité, est un aussi bon personnage qu'on en puisse mettre sur le théâtre. Le petit voyage qu'elle a fait à Paris l'a ramenée dans Angoulême plus achevée qu'elle n'étoit. L'approche de l'air de la Cour a donné à son ridicule de nouveaux agréments, et sa sottise tous les jours ne fait que croître et embellir.

LE VICOMTE.

Oui ; mais vous ne considérez pas que le jeu qui vous divertit tient mon cœur au supplice, et qu'on n'est point capable de se jouer long temps, lors qu'on a dans l'esprit une passion aussi sérieuse que celle que je sens pour vous. Il est cruel, belle Julie, que cet amusement dérobe à mon amour un temps qu'il voudroit employer à vous expliquer son ardeur ; et cette nuit j'ai fait là-dessus quelques vers, que je ne puis m'empêcher de vous réciter sans que vous me le demandiez, tant la démangeaison de dire ses ouvrages est un vice attaché à la qualité de poète.

C'est trop longtemps, Iris, me mettre à la torture...

Iris, comme vous le voyez, est mis là pour Julie.

C'est trop longtemps, Iris, me mettre à la torture,
Et, si je suis vos lois, je les blâme tout bas
De me forcer à taire un tourment que j'endure,
Pour déclarer un mal que je ne ressens pas.

Faut-il que vos beaux yeux, à qui je rends les armes,
Veuillent se divertir de mes tristes soupirs,
Et n'est-ce pas assez de souffrir pour vos charmes,
Sans me faire souffrir encor pour vos plaisirs ?

C'en est trop à la fois que ce double martyre,
Et ce qu'il me faut taire et ce qu'il me faut dire
Exerce sur mon cœur pareille cruauté.

L'amour le met en feu, la contrainte le tue ;
Et, si par la pitié vous n'êtes combattue,
Je meurs et de la feinte et de la vérité.

JULIE.

Je vois que vous vous faites là bien plus mal traité que vous n'êtes ; mais c'est une licence que prennent messieurs les poètes de mentir de gaieté de cœur, et de donner à leurs maîtresses des cruautés qu'elles n'ont pas, pour s'accommoder aux pensées qui leur peuvent venir. Cependant je serai bien aise que vous me donniez ces vers par écrit.

LE VICOMTE.

C'est assez de vous les avoir dits, et je dois en demeurer là : il est permis d'être parfois assez fou pour faire des vers, mais non pour vouloir qu'ils soient vus.

SCÈNE I

JULIE.

C'est en vain que vous vous retranchez sur une fausse modestie ; on sait dans le monde que vous avez de l'esprit, et je ne vois pas la raison qui vous oblige à cacher les vôtres.

LE VICOMTE.

Mon Dieu, Madame, marchons là-dessus, s'il vous plaît, avec beaucoup de retenue ; il est dangereux dans le monde de se mêler d'avoir de l'esprit. Il y a là dedans un certain ridicule qu'il est facile d'attraper, et nous avons de nos amis qui me font craindre leur exemple.

JULIE.

Mon Dieu, Cléante, vous avez beau dire, je vois avec tout cela que vous mourez d'envie de me les donner, et je vous embarrasserois si je faisois semblant de ne m'en pas soucier.

LE VICOMTE.

Moi, Madame ? Vous vous moquez, et je ne suis pas si poëte que vous pourriez bien croire, pour... Mais voici votre madame la Comtesse d'Escarbagnas. Je sors par l'autre porte pour ne la point trouver, et vais disposer tout mon monde au divertissement que je vous ai promis.

SCÈNE II

LA COMTESSE, JULIE, [ANDRÉE, CRIQUET].

La Comtesse.

Ah ! mon Dieu, Madame, vous voilà toute seule ? Quelle pitié est-ce là ? toute seule ! Il me semble que mes gens m'avoient dit que le Vicomte étoit ici ?

Julie.

Il est vrai qu'il y est venu ; mais c'est assez pour lui de savoir que vous n'y étiez pas, pour l'obliger à sortir.

La Comtesse.

Comment ! il vous a vue ?

Julie.

Oui.

La Comtesse.

Et il ne vous a rien dit ?

Julie.

Non, Madame, et il a voulu témoigner par là qu'il est tout entier à vos charmes.

La Comtesse.

Vraiment, je le veux quereller de cette action.

Quelque amour que l'on ait pour moi, j'aime que ceux qui m'aiment rendent ce qu'ils doivent au sexe ; et je ne suis point de l'humeur de ces femmes injustes, qui s'applaudissent des incivilités que leurs amants font aux autres belles.

JULIE.

Il ne faut point, Madame, que vous soyez surprise de son procédé. L'amour que vous lui donnez éclate dans toutes ses actions, et l'empêche d'avoir des yeux que pour vous.

LA COMTESSE.

Je crois être en état de pouvoir faire naître une passion assez forte, et je me trouve pour cela assez de beauté, de jeunesse, et de qualité, Dieu merci ; mais cela n'empêche pas qu'avec ce que j'inspire on ne puisse garder de l'honnêteté et de la complaisance pour les autres. [*Apercevant Criquet.*] Que faites-vous donc là, laquais ? Est-ce qu'il n'y a pas une antichambre, où se tenir pour venir quand on vous appelle ? Cela est étrange qu'on ne puisse avoir en province un laquais qui sache son monde. A qui est-ce donc que je parle ? Voulez-vous vous en aller là dehors, petit fripon ! Filles, approchez.

ANDRÉE.

Que vous plaît-il, Madame ?

LA COMTESSE.

Otez-moi mes coëffes. Doucement donc, maladroite ! comme vous me saboulez la tête avec vos mains pesantes !

ANDRÉE.

Je fais, Madame, le plus doucement que je puis.

LA COMTESSE.

Oui ; mais le plus doucement que vous pouvez est fort rudement pour ma tête, et vous me l'avez déboîtée. Tenez encore ce manchon. Ne laissez point traîner tout cela, et portez-le dans ma garde-robe. Hé bien ! où va-t-elle, où va-t-elle ? que veut-elle faire, cet oison bridé ?

ANDRÉE.

Je veux, Madame, comme vous m'avez dit, porter cela aux garde-robes.

LA COMTESSE.

Ah ! mon Dieu, l'impertinente ! [*A Julie.*] Je vous demande pardon, Madame. [*A Andrée.*] Je vous ai dit ma garde-robe, grosse bête, c'est-à-dire où sont mes habits.

ANDRÉE.

Est-ce, Madame, qu'à la Cour une armoire s'appelle une garde-robe ?

LA COMTESSE.

Oui, butorde ; on appelle ainsi le lieu où l'on met les habits.

ANDRÉE.

Je m'en resouviendrai, Madame, aussi bien que

de votre grenier, qu'il faut appeler garde-meuble.
La Comtesse.

Quelle peine il faut prendre pour instruire ces animaux-là !
Julie.

Je les trouve bien heureux, Madame, d'être sous votre discipline.
La Comtesse.

C'est une fille de ma mère nourrice, que j'ai mise à la chambre, et elle est toute neuve encore.
Julie.

Cela est d'une belle âme, Madame, et il est glorieux de faire ainsi des créatures.
La Comtesse.

Allons, des sièges. Holà ! laquais ! laquais ! laquais ! En vérité, voilà qui est violent, de ne pouvoir pas avoir un laquais pour donner des sièges. Filles ! laquais ! laquais ! filles ! quelqu'un ! Je pense que tous mes gens sont morts, et que nous serons contraintes de nous donner des sièges nous-mêmes.

Andrée.

Que voulez-vous, Madame ?
La Comtesse.

Il se faut bien égosiller avec vous autres !
Andrée.

J'enfermois votre manchon et vos coëffes dans votre armoi..., dis-je, dans votre garde-robe.

LA COMTESSE.

Appelez-moi ce petit fripon de laquais.

ANDRÉE.

Holà ! Criquet !

LA COMTESSE.

Laissez là votre Criquet, bouvière, et appelez laquais.

ANDRÉE.

Laquais donc, et non pas Criquet, venez parler à Madame. Je pense qu'il est sourd. Criq... laquais ! laquais !

CRIQUET.

Plaît-il ?

LA COMTESSE.

Où étiez-vous donc, petit coquin ?

CRIQUET.

Dans la rue, Madame ?

LA COMTESSE.

Et pourquoi dans la rue ?

CRIQUET.

Vous m'avez dit d'aller là-dehors.

LA COMTESSE.

Vous êtes un petit impertinent, mon ami, et vous devez savoir que là-dehors, en termes de personnes de qualité, veut dire l'antichambre. Andrée, ayez soin tantôt de faire donner le fouet à ce petit fripon-là par mon écuyer : c'est un petit incorrigible.

SCÈNE II

ANDRÉE.

Qu'est-ce que c'est, Madame, que votre écuyer ? Est-ce maître Charles que vous appelez comme cela ?

LA COMTESSE.

Taisez-vous, sotte que vous êtes ; vous ne sauriez ouvrir la bouche que vous ne disiez une impertinence. [*A Criquet.*] Des sièges. [*A Andrée.*] Et vous, allumez deux bougies dans mes flambeaux d'argent, il se fait déjà tard. Qu'est-ce que c'est donc que vous me regardez toute effarée ?

ANDRÉE.

Madame...

LA COMTESSE.

Hé bien ! Madame ? Qu'y a-t-il ?

ANDRÉE.

C'est que...

LA COMTESSE.

Quoi ?

ANDRÉE.

C'est que je n'ai point de bougie.

LA COMTESSE.

Comment ! vous n'en avez point ?

ANDRÉE.

Non, Madame, si ce n'est des bougies de suif.

LA COMTESSE.

La bouvière ! Et où est donc la cire que je fis acheter ces jours passés ?

ANDRÉE.

Je n'en ai point vu depuis que je suis céans.

LA COMTESSE.

Otez-vous de là, insolente; je vous renvoirai chez vos parents. Apportez-moi un verre d'eau. (*Faisant des cérémonies pour s'asseoir.*) Madame !

JULIE.

Madame !

LA COMTESSE.

Ah ! Madame !

JULIE.

Ah ! Madame !

LA COMTESSE.

Mon Dieu, Madame !

JULIE.

Mon Dieu, Madame !

LA COMTESSE.

Oh ! Madame !

JULIE.

Oh ! Madame !

LA COMTESSE.

Eh ! Madame !

JULIE.

Eh ! Madame !

LA COMTESSE.

Hé ! allons donc, Madame !

JULIE.

Hé ! allons donc, Madame !

LA COMTESSE D'ESCARBAGNAS
(Scène II)

SCÈNE II.

LA COMTESSE.

Je suis chez moi, Madame, nous sommes demeurées d'accord de cela. Me prenez-vous pour une provinciale, Madame ?

JULIE.

Dieu m'en garde, Madame !

LA COMTESSE, [à Andrée, qui lui apporte un verre d'eau.]

Allez, impertinente, je bois avec une soucoupe. Je vous dis que vous m'alliez quérir une soucoupe pour boire.

ANDRÉE.

Criquet, qu'est-ce que c'est qu'une soucoupe ?

CRIQUET.

Une soucoupe ?

ANDRÉE.

Oui.

CRIQUET.

Je ne sais.

LA COMTESSE, [à Andrée].

Vous ne vous grouillez pas ?

ANDRÉE.

Nous ne savons tous deux, Madame, ce que c'est qu'une soucoupe.

LA COMTESSE.

Apprenez que c'est une assiette, sur laquelle on met le verre. [A Julie.] Vive Paris pour être bien servie ! on vous entend là au moindre coup d'œil.

[*A Andrée.*] Hé bien ! vous ai-je dit comme cela, tête de bœuf ? C'est dessous qu'il faut mettre l'assiette.

ANDRÉE.

Cela est bien aisé.

(*Andrée casse le verre.*)

LA COMTESSE.

Hé bien ! ne voilà pas l'étourdie ! En vérité, vous me paierez mon verre.

ANDRÉE.

Hé bien ! oui, Madame, je le paierai.

LA COMTESSE.

Mais voyez cette maladroite, cette bouvière, cette butorde, cette...

ANDRÉE, *s'en allant.*

Dame ! Madame, si je le paie, je ne veux point être querellée.

LA COMTESSE.

Otez-vous de devant mes yeux. [*A Julie.*] En vérité, Madame, c'est une chose étrange que les petites villes ; on n'y sait point du tout son monde, et je viens de faire deux ou trois visites où ils ont pensé me désespérer par le peu de respect qu'ils rendent à ma qualité.

JULIE.

Où auroient-ils appris à vivre ? ils n'ont point fait de voyage à Paris.

La Comtesse.

Ils ne laisseroient pas de l'apprendre, s'ils vouloient écouter les personnes ; mais le mal que j'y trouve, c'est qu'ils veulent en savoir autant que moi, qui ai été deux mois à Paris, et vu toute la Cour.

Julie.

Les sottes gens que voilà !

La Comtesse.

Ils sont insupportables, avec les impertinentes égalités dont ils traitent les gens : car, enfin, il faut qu'il y ait de la subordination dans les choses ; et ce qui me met hors de moi, c'est qu'un gentilhomme de ville de deux jours, ou de deux cents ans, aura l'effronterie de dire qu'il est aussi bien gentilhomme que feu monsieur mon mari, qui demeuroit à la campagne, qui avoit meute de chiens courants, et qui prenoit la qualité de Comte dans tous les contrats qu'il passoit.

Julie.

On sait bien mieux vivre à Paris, dans ces hôtels dont la mémoire doit être si chère. Cet hôtel de Mouhy, Madame, cet hôtel de Lyon, cet hôtel de Hollande ! les agréables demeures que voilà !

La Comtesse.

Il est vrai qu'il y a bien de la différence de ces lieux-là à tout ceci. On y voit venir du beau monde, qui ne marchande point à vous rendre tous les respects qu'on sauroit souhaiter. On ne s'en lève pas, si l'on veut, de dessus son siège ; et, lorsque l'on veut voir la revue, ou le grand Ballet de *Psyché*, on est servie à point nommé.

JULIE.

Je pense, Madame, que, durant votre séjour à Paris, vous avez fait bien des conquêtes de qualité.

LA COMTESSE.

Vous pouvez bien croire, Madame, que tout ce qui s'appelle les galants de la Cour n'a pas manqué de venir à ma porte et de m'en conter ; et je garde dans ma cassette de leurs billets, qui peuvent faire voir quelles propositions j'ai refusées. Il n'est pas nécessaire de vous dire leurs noms, on sait ce qu'on veut dire par les galants de la Cour.

JULIE.

Je m'étonne, Madame, que, de tous ces grands noms que je devine, vous ayez pu redescendre à un monsieur Tibaudier, le Conseiller, et à un monsieur Harpin, le Receveur des Tailles. La chute est grande, je vous l'avoue : car pour monsieur votre Vicomte, quoique vicomte de province, c'est toujours un vicomte, et il peut faire un voyage à Paris, s'il n'en a point fait ; mais un Conseiller, et un Receveur, sont des amants un peu bien minces pour une grande Comtesse comme vous.

La Comtesse.

Ce sont gens qu'on ménage dans les provinces pour le besoin qu'on en peut avoir : ils servent au moins à remplir les vides de la galanterie, à faire nombre de soupirants ; et il est bon, Madame, de ne pas laisser un amant seul maître du terrain, de peur que, faute de rivaux, son amour ne s'endorme sur trop de confiance.

Julie.

Je vous avoue, Madame, qu'il y a merveilleusement à profiter de tout ce que vous dites ; c'est une école que votre conversation, et j'y viens tous les jours attraper quelque chose.

SCÈNE III

CRIQUET, LA COMTESSE, JULIE, ANDRÉE, JEANNOT.

Criquet.

Voilà Jeannot de monsieur le Conseiller qui vous demande, Madame.

La Comtesse.

Hé bien ! petit coquin, voilà encore de vos âneries. Un laquais qui sauroit vivre auroit esté parler tout bas à la demoiselle suivante, qui seroit venue dire doucement à l'oreille de sa maîtresse :

« Madame, voilà le laquais de monsieur un tel, qui demande à vous dire un mot. » A quoi la maîtresse auroit répondu : « Faites-le entrer. »

CRIQUET.

Entrez, Jeannot.

LA COMTESSE.

Autre lourderie ! [*A Jeannot.*] Qu'y a-t-il, laquais ? Que portes-tu là ?

JEANNOT.

C'est monsieur le Conseiller, Madame, qui vous souhaite le bonjour ; et, auparavant que de venir, vous envoie des poires de son jardin, avec ce petit mot d'écrit.

LA COMTESSE.

C'est du bon-chrétien, qui est fort beau. Andrée, faites porter cela à l'office. [*A Jeannot.*] Tiens, mon enfant, voilà pour boire.

JEANNOT.

Oh! non, Madame.

LA COMTESSE.

Tiens, te dis-je.

JEANNOT.

Mon maître m'a défendu, Madame, de rien prendre de vous.

LA COMTESSE.

Cela ne fait rien.

JEANNOT.

Pardonnez-moi, Madame.

SCÈNE III

CRIQUET.

Hé! prenez, Jeannot; si vous n'en voulez pas, vous me le baillerez.

LA COMTESSE.

Dis à ton maître que je le remercie.

CRIQUET, [à Jeannot qui s'en va.]

Donne-moi donc cela.

JEANNOT.

Oui, quelque sot!

CRIQUET.

C'est moi qui te l'ai fait prendre.

JEANNOT.

Je l'aurois bien pris sans toi.

LA COMTESSE.

Ce qui me plaît de ce monsieur Tibaudier, c'est qu'il sait vivre avec les personnes de ma qualité, et qu'il est fort respectueux.

SCÈNE IV

LE VICOMTE, LA COMTESSE, JULIE, CRIQUET, ANDRÉE.

LE VICOMTE.

Madame, je viens vous avertir que la comédie sera bientôt prête, et que dans un quart d'heure nous pouvons passer dans la salle.

La Comtesse.

Je ne veux point de cohue, au moins. Que l'on dise à mon Suisse qu'il ne laisse entrer personne.

Le Vicomte.

En ce cas, Madame, je vous déclare que je renonce à la comédie ; et je n'y saurois prendre de plaisir lorsque la compagnie n'est pas nombreuse. Croyez-moi, si vous voulez vous bien divertir, qu'on dise à vos gens de laisser entrer toute la ville.

La Comtesse.

Laquais, un siège. [*Au Vicomte.*] Vous voilà venu à propos pour recevoir un petit sacrifice que je veux bien vous faire. Tenez, c'est un billet de monsieur Tibaudier, qui m'envoie des poires. Je vous donne la liberté de le lire tout haut ; je ne l'ai point encore vu.

Le Vicomte, [*après avoir lu tout bas le billet*]:

'Voici un billet du beau style, Madame, et qui mérite d'être bien écouté.'

(*Il lit.*)

Madame, je n'aurois pas pu vous faire le présent que je vous envoie, si je ne recueillois pas plus de fruit de mon jardin, que j'en recueille de mon amour.

La Comtesse.

Cela vous marque clairement qu'il ne se passe rien entre nous.

Le Vicomte *continue.*

Les poires ne sont pas encore bien mûres, mais elles en quadrent mieux avec la dureté de votre âme, qui, par ses continuels dédains, ne me promet pas poires molles. Trouvez bon, Madame, que, sans m'engager dans une énumération de vos perfections et charmes, qui me jetteroit dans un progrès à l'infini, je conclue ce mot en vous faisant considérer que je suis d'un aussi franc chrétien que les poires que je vous envoie, puisque je rends le bien pour le mal, c'est-à-dire, Madame, pour m'expliquer plus intelligiblement, puisque je vous présente des poires de bon-chrétien pour des poires d'angoisse, que vos cruautés me font avaler tous les jours.

TIBAUDIER, *votre esclave indigne.*

Voilà, Madame, un billet à garder.

La Comtesse.

Il y a peut-être quelque mot qui n'est pas de l'Académie ; mais j'y remarque un certain respect qui me plait beaucoup.

Julie.

Vous avez raison, Madame, et, monsieur le Vicomte dût-il s'en offenser, j'aimerois un homme qui m'écriroit comme cela.

SCÈNE V

MONSIEUR TIBAUDIER, LE VICOMTE, LA COMTESSE, JULIE, ANDRÉE, CRIQUET.

LA COMTESSE.

Approchez, monsieur Tibaudier, ne craignez point d'entrer. Votre billet a été bien reçu, aussi bien que vos poires, et voilà Madame qui parle pour vous contre votre rival.

MONSIEUR TIBAUDIER.

Je lui suis bien obligé, Madame; et, si elle a jamais quelque procès en notre Siège, elle verra que je n'oublierai pas l'honneur qu'elle me fait de se rendre auprès de vos beautés l'avocat de ma flamme.

JULIE.

Vous n'avez pas besoin d'avocat, Monsieur, et votre cause est juste.

MONSIEUR TIBAUDIER.

Ce néanmoins, Madame, bon droit a besoin d'aide, et j'ai sujet d'appréhender de me voir suplanté par un tel rival, et que Madame ne soit circonvenue par la qualité de Vicomte.

SCÈNE V

Le Vicomte.

J'espérois quelque chose, monsieur Tibaudier, avant votre billet, mais il me fait craindre pour mon amour.

Monsieur Tibaudier.

Voici encore, Madame, deux petits versets, ou couplets, que j'ai composés à votre honneur et gloire.

Le Vicomte.

Ah ! je ne pensois pas que monsieur Tibaudier fût poète, et voilà pour m'achever que ces deux petits versets-là.

La Comtesse.

Il veut dire deux strophes. [*A Criquet.*] Laquais, donnez un siège à monsieur Tibaudier. [*Bas à Criquet, qui apporte une chaise.*] Un pliant, petit animal. Monsieur Tibaudier, mettez-vous là, et nous lisez vos strophes.

Monsieur Tibaudier.

    Une personne de qualité
        Ravit mon âme.
    Elle a de la beauté,
        J'ai de la flamme ;
        Mais je la blâme
    D'avoir de la fierté.

Le Vicomte.

Je suis perdu après cela.

LA COMTESSE.

Le premier vers est beau : *Une personne de qualité.*

JULIE.

Je crois qu'il est un peu trop long, mais on peut prendre une licence pour dire une belle pensée.

LA COMTESSE, [*à Monsieur Tibaudier*].

Voyons l'autre strophe.

MONSIEUR TIBAUDIER.

Je ne sais pas si vous doutez de mon parfait amour ;
   Mais je sais bien que mon cœur, à toute heure,
     Veut quitter sa chagrine demeure,
  Pour aller par respect faire au vôtre sa cour.
Après cela pourtant, sûre de ma tendresse
   Et de ma foi, dont unique est l'espèce,
     Vous devriez à votre tour,
     Vous contentant d'être Comtesse,
Vous dépouiller, en ma faveur, d'une peau de tigresse
  Qui couvre vos appas la nuit comme le jour.

LE VICOMTE.

Me voila supplanté, moi, par monsieur Tibaudier.

LA COMTESSE.

Ne pensez pas vous moquer : pour des vers faits dans la province, ces vers-là sont fort beaux.

LE VICOMTE.

Comment, Madame, me moquer ? Quoique son rival, je trouve ces vers admirables, et ne les appelle pas seulement deux strophes, comme vous, mais deux épigrammes, aussi bonnes que toutes celles de Martial.

La Comtesse.

Quoi ! Martial fait-il des vers ? Je pensois qu'il ne faisoit que des gants ?

Monsieur Tibaudier.

Ce n'est pas ce Martial-là, Madame ; c'est un auteur qui vivoit il y a trente ou quarante ans.

Le Vicomte.

Monsieur Tibaudier a lu les auteurs, comme vous le voyez. Mais allons voir, Madame, si ma musique et ma comédie, avec mes entrées de ballet, pourront combattre dans votre esprit les progrès des deux strophes et du billet que nous venons de voir.

La Comtesse.

Il faut que mon fils le Comte soit de la partie ; car il est arrivé ce matin de mon château avec son précepteur, que je vois là-dedans.

SCÈNE VI

MONSIEUR BOBINET, MONSIEUR TIBAUDIER, LA COMTESSE, LE VICOMTE, JULIE, ANDRÉE, CRIQUET.

LA COMTESSE.

Holà ! Monsieur Bobinet, Monsieur Bobinet, approchez-vous du monde.

MONSIEUR BOBINET.

Je donne le bon vêpres à toute l'honorable compagnie. Que désire Madame la comtesse d'Escarbagnas de son très humble serviteur Bobinet ?

LA COMTESSE.

A quelle heure, Monsieur Bobinet, êtes-vous parti d'Escarbagnas, avec mon fils le Comte ?

MONSIEUR BOBINET.

A huit heures trois quarts, Madame, comme votre commandement me l'avoit ordonné.

LA COMTESSE.

Comment se portent mes deux autres fils, le Marquis, et le Commandeur ?

MONSIEUR BOBINET.

Ils sont, Dieu grâce, Madame, en parfaite santé.

SCÈNE VI

La Comtesse.

Où est le Comte?

Monsieur Bobinet.

Dans votre belle chambre à alcôve, Madame.

La Comtesse.

Que fait-il, Monsieur Bobinet?

Monsieur Bobinet.

Il compose un thème, Madame, que je viens de lui dicter, sur une Epître de Cicéron.

La Comtesse.

Faites-le venir, Monsieur Bobinet.

Monsieur Bobinet.

Soit fait, Madame, ainsi que vous le commandez.

Le Vicomte.

Ce monsieur Bobinet, Madame, a la mine fort sage, et je crois qu'il a de l'esprit.

SCÈNE VII

LA COMTESSE, LE VICOMTE, JULIE, LE COMTE, MONSIEUR BOBINET, MONSIEUR TIBAUDIER, ANDRÉE, CRIQUET.

Monsieur Bobinet.

Allons, Monsieur le Comte, faites voir que vous

profitez des bons documents qu'on vous donne. La révérence à toute l'honnête assemblée.

LA COMTESSE.

Comte, saluez Madame. Faites la révérence à monsieur le Vicomte. Saluez monsieur le Conseiller.

MONSIEUR TIBAUDIER.

Je suis ravi, Madame, que vous me concédiez la grâce d'embrasser monsieur le Comte votre fils. On ne peut pas aimer le tronc, qu'on n'aime aussi les branches.

LA COMTESSE.

Mon Dieu, Monsieur Tibaudier, de quelle comparaison vous servez-vous là?

JULIE.

En vérité, Madame, monsieur le Comte a tout à fait bon air.

LE VICOMTE.

Voilà un jeune gentilhomme qui vient bien dans le monde.

JULIE.

Qui diroit que Madame eût un si grand enfant?

LA COMTESSE.

Hélas! quand je le fis, j'étois si jeune que je me jouois encore avec une poupée.

JULIE.

C'est monsieur votre frère, et non pas monsieur votre fils.

SCÈNE VII

LA COMTESSE.

Monsieur Bobinet, ayez bien soin au moins de son éducation.

MONSIEUR BOBINET.

Madame, je n'oublierai aucune chose pour cultiver cette jeune plante, dont vos bontés m'ont fait l'honneur de me confier la conduite, et je tâcherai de lui inculquer les semences de la vertu.

LA COMTESSE.

Monsieur Bobinet, faites-lui un peu dire quelque petite galanterie de ce que vous lui apprenez.

MONSIEUR BOBINET.

Allons, Monsieur le Comte, récitez votre leçon d'hier au matin.

LE COMTE.

Omne viro soli quod convenit, esto virile.
Omne viri...

LA COMTESSE.

Fi! Monsieur Bobinet, quelles sottises est-ce que vous lui apprenez-là?

MONSIEUR BOBINET.

C'est du latin, Madame, et la première règle de Jean Despautère.

LA COMTESSE.

Mon Dieu, ce Jean Despautère-là est un insolent, et je vous prie de lui enseigner du latin plus honnête que celui-là.

Monsieur Bobinet.

Si vous voulez, Madame, qu'il achève, la glose expliquera ce que cela veut dire.

La Comtesse.

Non, non, cela s'explique assez.

Criquet.

Les comédiens envoyent dire qu'ils sont tout prêts.

La Comtesse.

Allons nous placer. [*Montrant Julie.*] Monsieur Tibaudier, prenez Madame.

[*Criquet range tous les sièges sur un des côtés du théâtre; la Comtesse, Julie et le Vicomte s'asseyent; M. Tibaudier s'assied aux pieds de la Comtesse.*]

Le Vicomte.

Il est nécessaire de dire que cette comédie n'a été faite que pour lier ensemble les différents morceaux de musique et de danse dont on a voulu composer ce divertissement, et que...

La Comtesse.

Mon Dieu, voyons l'affaire. On a assez d'esprit pour comprendre les choses.

Le Vicomte.

Qu'on commence le plus tôt qu'on pourra, et qu'on empêche, s'il se peut, qu'aucun fâcheux ne vienne troubler notre divertissement.

(*Après que les violons ont quelque peu joué, et que toute la compagnie est assise.*)

SCÈNE VIII

LA COMTESSE, LE COMTE, LE VICOMTE,
JULIE, MONSIEUR HARPIN,
MONSIEUR TIBAUDIER
AUX PIEDS DE LA COMTESSE,
MONSIEUR BOBINET, ANDRÉE.

Monsieur Harpin.

Parbleu ! la chose est belle, et je me réjouis de voir ce que je vois.

La Comtesse.

Holà ! Monsieur le Receveur, que voulez-vous donc dire avec l'action que vous faites ? Vient-on interrompre comme cela une comédie ?

Monsieur Harpin.

Morbleu ! Madame, je suis ravi de cette avanture, et ceci me fait voir ce que je dois croire de vous, et l'assurance qu'il y a au don de votre cœur et aux serments que vous m'avez faits de sa fidélité.

La Comtesse.

Mais, vraiment, on ne vient point ainsi se jeter au travers d'une comédie, et troubler un acteur qui parle.

Monsieur Harpin.

Eh ! tête-bleu, la véritable comédie qui se fait

ici, c'est celle que vous jouez ; et, si je vous trouble, c'est de quoi je me soucie peu.

LA COMTESSE.

En vérité, vous ne savez ce que vous dites.

MONSIEUR HARPIN.

Si fait, morbleu ! je le sais bien ; je le sais bien, morbleu ! et...

LA COMTESSE.

Eh fi ! Monsieur, que cela est vilain de jurer de la sorte !

MONSIEUR HARPIN.

Eh ! ventrebleu ! s'il y a ici quelque chose de vilain, ce ne sont point mes jurements, ce sont vos actions, et il vaudroit bien mieux que vous jurassiez, vous, la tête, la mort et la sang, que de faire ce que vous faites avec monsieur le Vicomte.

LE VICOMTE.

Je ne sais pas, Monsieur le Receveur, de quoi vous vous plaignez ; et, si...

MONSIEUR HARPIN.

Pour vous, Monsieur, je n'ai rien à vous dire ; vous faites bien de pousser votre pointe, cela est naturel, je ne le trouve point étrange, et je vous demande pardon si j'interromps votre comédie ; mais vous ne devez point trouver étrange aussi que je me plaigne de son procédé, et nous avons raison tous deux de faire ce que nous faisons.

SCÈNE VIII

Le Vicomte.

Je n'ai rien à dire à cela, et ne sais point les sujets de plaintes que vous pouvez avoir contre madame la Comtesse d'Escarbagnas.

La Comtesse.

Quand on a des chagrins jaloux, on n'en use point de la sorte, et l'on vient doucement se plaindre à la personne que l'on aime.

Monsieur Harpin.

Moi, me plaindre doucement ?

La Comtesse.

Oui. L'on ne vient point crier de dessus un théâtre ce qui se doit dire en particulier.

Monsieur Harpin.

J'y viens, moi, morbleu ! tout exprès ; c'est le lieu qu'il me faut, et je souhaiterois que ce fût un théâtre public, pour vous dire avec plus d'éclat toutes vos vérités.

La Comtesse.

Faut-il faire un si grand vacarme pour une comédie que monsieur le Vicomte me donne ? Vous voyez que monsieur Tibaudier, qui m'aime, en use plus respectueusement que vous.

Monsieur Harpin.

Monsieur Tibaudier en use comme il lui plaît. Je ne sais pas de quelle façon monsieur Tibaudier a été avec vous ; mais monsieur Tibaudier n'est pas un exemple pour moi, et je ne suis point d'humeur à payer les violons pour faire danser les autres.

LA COMTESSE.

Mais vraiment, Monsieur le Receveur, vous ne songez pas à ce que vous dites. On ne traite point de la sorte les femmes de qualité ; et ceux qui vous entendent croiroient qu'il y a quelque chose d'étrange entre vous et moi.

MONSIEUR HARPIN.

Hé ! ventrebleu, Madame, quittons la faribole.

LA COMTESSE.

Que voulez-vous donc dire avec votre « Quittons la faribole » ?

MONSIEUR HARPIN.

Je veux dire que je ne trouve point étrange que vous vous rendiez au mérite de monsieur le Vicomte : vous n'êtes pas la première femme qui joue dans le monde de ces sortes de caractères, et qui ait auprès d'elle un monsieur le Receveur, dont on lui voit trahir et la passion et la bourse pour le premier venu qui lui donnera dans la vue ; mais ne trouvez point étrange aussi que je ne sois point la dupe d'une infidélité si ordinaire aux coquettes du temps, et que je vienne vous assurer devant bonne compagnie que je romps commerce avec vous, et que monsieur le Receveur ne sera plus pour vous monsieur le donneur.

SCÈNE VIII

La Comtesse.

Cela est merveilleux, comme les amants emportés deviennent à la mode ; on ne voit autre chose de tous côtés. Là, là, Monsieur le Receveur, quittez votre colère, et venez prendre place pour voir la comédie.

Monsieur Harpin.

Moi, morbleu ! prendre place ! Cherchez vos benêts à vos pieds. Je vous laisse, Madame la Comtesse, à monsieur le Vicomte ; et ce sera à lui que j'envoierai tantôt vos lettres. Voilà ma scène faite, voilà mon rôle joué. Serviteur à la compagnie.

Monsieur Tibaudier.

Monsieur le Receveur, nous nous verrons autre part qu'ici, et je vous ferai voir que je suis au poil, et à la plume.

Monsieur Harpin, [*en sortant*].

Tu as raison, Monsieur Tibaudier.

La Comtesse.

Pour moi, je suis confuse de cette insolence.

Le Vicomte.

Les jaloux, Madame, sont comme ceux qui perdent leur procès, ils ont permission de tout dire. Prêtons silence à la comédie.

SCÈNE DERNIÈRE

LA COMTESSE, LE VICOMTE, LE COMTE, JULIE, MONSIEUR TIBAUDIER, MONSIEUR BOBINET, ANDRÉE, JEANNOT, CRIQUET.

JEANNOT, [*au Vicomte*].

Voilà un billet, Monsieur, qu'on nous a dit de vous donner vite.

LE VICOMTE *lit*.

En cas que vous ayez quelque mesure à prendre, je vous envoie promptement un avis. La querelle de vos parents et de ceux de Julie vient d'être accommodée, et les conditions de cet accord, c'est le mariage de vous et d'elle. Bonsoir.

Ma foi, Madame, voilà notre comédie achevée aussi.

JULIE.

Ah! Cléante, quel bonheur! Notre amour eût-il osé espérer un si heureux succès?

LA COMTESSE.

Comment donc! qu'est-ce que cela veut dire?

LE VICOMTE.

Cela veut dire, Madame, que j'épouse Julie;

et, si vous m'en croyez, pour rendre la comédie complète de tout point, vous épouserez monsieur Tibaudier, et donnerez mademoiselle Andrée à son laquais, dont il fera son valet de chambre.

LA COMTESSE.

Quoi ! jouer de la sorte une personne de ma qualité ?

LE VICOMTE.

C'est sans vous offenser, Madame, et les comédies veulent de ces sortes de choses.

LA COMTESSE.

Oui, Monsieur Tibaudier, je vous épouse, pour faire enrager tout le monde.

MONSIEUR TIBAUDIER.

Ce m'est bien de l'honneur, Madame.

LE VICOMTE.

Souffrez, Madame, qu'en enrageant nous puissions voir ici le reste du spectacle.

BOUTS-RIMÉS

COMMANDÉS SUR LE BEL AIR

Que vous m'embarrassez avec votre.... *grenouille*
Qui traîne à ses talons le doux mot d'*hipocras*.
Je hais des bouts-rimés le puéril *fatras*,
Et tiens qu'il vaudroit mieux filer une *quenouille*.

La gloire du bel air n'a rien qui me *chatouille*;
Vous m'assommez l'esprit avec un gros *plâtras*,
Et je tiens heureux ceux qui sont morts à *Coutras*,
Voyant tout le papier qu'en sonnets on *barbouille*.

M'accable de rechef la haine du *cagot*,
Plus méchant mille fois que n'est un vieux *magot*,
Plutôt qu'un bout-rimé me fasse entrer en *danse* !

Je vous le chante clair, comme un *chardonneret*.
Au bout de l'Univers je suis dans une *manse*.
Adieu, grand Prince, adieu ; tenez-vous *guilleret*.

NOTES

P. 4, l. 9. — Ces grands *nouvellistes*. Hauteroche a fait représenter, en 1678, une comédie des *Nouvellistes* à l'Hôtel de Bourgogne, et Dancourt est l'auteur des *Nouvellistes de Lille*, comédie représentée et imprimée dans cette ville en 1683. Tout le monde a présente à la mémoire la page consacrée aux *nouvellistes*, par Montesquieu (*Lettres persanes*), qu'on peut rapprocher du *nouvelliste* de La Bruyère.

— 16. *Méchantes plaisanteries.* Var. : « sottises ».

— 17. De la *Gazette de Hollande*. Il n'y avait pas alors de journal paraissant sous ce titre; on désignait ainsi *la Gazette d'Amsterdam*, qui, depuis neuf ans, était — dit M. Hatin — le « réceptacle (Bayle avait dit : le « véhicule ») des médisances de l'Europe ». (*Les Gazettes de Hollande et la presse clandestine au xviie siècle.*)

En 1653, les Etats de Hollande avaient fait défense d'imprimer des gazettes françaises. Le 1er numéro de *la Gazette d'Amsterdam* parut in-4°, le 1er mars 1663, de semaine en semaine; elle ne devint bi-hebdomadaire qu'à partir de 1672.

Le 11 mai 1663, Louis XIV écrivait à son ambassadeur à La Haye : « Enquérez-vous, sous-main, qui est un certain italien, génois de nation, qui demeure à Amsterdam, qui se mêle d'envoyer des gazettes de l'état de mes affaires et de mes desseins. »

La Fare, dans ses *Mémoires*, attribue en partie la guerre de 1672 à l'insolence du gazetier d'Amsterdam.

Vingt ans plus tard, Dancourt donnait à la Comédie-Française *la Gazette d'Hollande*, comédie en un acte, en prose, représentée le 14 mai 1692.

— 17. Un exemplaire cartonné, ayant appartenu à M. de la Reynie, le lieutenant de police, supprime depuis : « *dont il épouse les intérêts* » jusqu'à « *défaire toutes nos troupes* » et « *dont il remarque tous les défauts, et* ».

— 19. La plume de cet *écrivain*. On croit qu'il s'appelait Lafond, dit la Bretonnière, c'est l'auteur du *Cochon mitré*.

5, 5. *Le Conseil d'en haut*. « Celui où se traitent ordinairement les affaires d'Etat et quelquefois les affaires extraordinaires des particuliers. » (*Dictionnaire de l'Académie.*)

5, 6. *Prête-Jean* et, par corruption, Prêtre-Jean. Scaliger dit que ce nom vient des mots persans *Pretechan*, qui signifient chrétien-roi. « On appelle *Prêtre-Jean*, dit Furetière, l'empereur des Abyssins, parce qu'autrefois les princes de ce pays étaient effectivement prêtres, et que le mot *Jean*, en leur langue, veut dire roi. » Ce serait donc le même que le grand Negus. Rabelais l'écrit *preteian*. Montaigne : *Prette-jan* (I, 48).

D'un autre côté, on pensait que les Etats du Prêtre ou Prete-Jan, prince demi-fabuleux, prédécesseur du grand Lama, appelés par Scaliger *Prestigiani*, étaient situés en Asie et non en Afrique, dans le pays merveilleux de la Licorne, du Phénix, des Chevaux verts, de l'Arbre de vie et de la Fontaine de Jouvence (Tanchut, Tartarie, Thibet).

Voir Marco Polo, vénitien ; *la Chine illustrée*, du P. Ach. Kircher, traduite par F. Savinien d'Alquié (Amsterdam, 1670, in-f°) et une curieuse *Lettre du Prêtre Jehan au Pape et au Roy de France*, publiée par le *Conservateur* d'avril 1758.

— — *Du grand Mogol*. François Bernier, le camarade de jeunesse de Molière, venait de publier, chez Barbin, son *Histoire de la dernière Révolution des États du grand Mogol* (4 vol. in-12, 1670-71). Molière possédait dans sa bibliothèque, un petit elzevir de 1631, *De Imperio Magno Mogolis communtarius*, qui, avec son *ex libris* autographe, passé en ventes publiques les 29 avril 1850 et 10 décembre 1855, et fut, en dernier lieu, recueilli, dans une boîte des quais de Paris, par un magistrat bibliophile, M. Piganiol, substitut du procureur de la République à Lyon.

7, 4. *Son perpétuel entêtement de qualité.* « La qualité l'entête », dit Célimène de Géralde, au second acte du *Misantrope*. Sous ce rapport, la ridicule comtesse est le digne pendant de M. Jourdain.

— 7. *Plus achevée qu'elle n'était.* « Il n'en faut point douter, elles sont *achevées* », dit le bonhomme Gorgibus de Cathos et de Madelon. (*Précieuses ridicules*, scène v.)

4, 22. *La démangeaison de dire ses ouvrages.* « Les démangeaisons qui nous prennent d'écrire », a dit Alceste, à l'acte 1er du *Misantrope*. « L'indigne empressement de lire leurs ouvrages, » dira Vadius à l'acte III des *Femmes Savantes*.

— 24. *Iris.* Sonnets, madrigaux, élégies, chansons, résonnent de ce nom d'Iris : voir les poésies de Bois-Robert, de Sarrasin, de Benserade, de l'abbé Tallemant et autres « *Délices de la poésie galante* ».

12, 1. *Vous me saboulez la tête.* Terme bas, qui signifie tourmenter, tirailler. (*Dictionnaire de l'Académie*.)

— 12. *Cet oison bridé.* « Oison à qui on a passé une plume à travers des ouvertures qui sont à la partie supérieure de son bec, pour l'empêcher de passer des haies et d'entrer dans les jardins. » (Furetière.)

C'est de là que paraît venir l'expression de « passer la plume par le bec », que nous avons rencontrée dans les *Fourberies de Scapin* (III, 5).

L'expression « la bécasse est bridée », que nous relevions au dénouement de *l'Amour médecin*, nous paraîtrait plutôt provenir de

La beste es sellado e *bridado*,
Non fau plus ren que la monta !

(Comédie à onze personnages, dans le *Jardin deys musos provençalos*. Claude Brueys, 1628.)

12, 15. *Porter cela aux garde-robes.* L'équivoque ne vient pas de la différence de temps. Garde-robe, au singulier, signifiait à la fois le vestiaire et la chaise percée.

— 25. *Butorde.* Féminin de butor, qui veut dire stupide, idiot ; d'où *butorderie.*

16, 6 à 28. *Madame ! Ah ! Madame !* A rapprocher d'une scène de *la Critique de l'Ecole des femmes,* entre Elise et Climène.

17. 21. Vous ne vous *grouillez* pas. Nous avons rencontré ce mot dans *le Misantrope* et *le Bourgeois gentilhomme.*

19, 23. *Cet hôtel de Mouhy,* ou de Moüy, auberge de la rue Dauphine. Le *Livre commode* de Du Pradel (I, 320) nous apprend que l'on y mangeait à 15 sols par repas, en 1692. Cent ans plus tard, l'hôtel de Moüy portait le n° 110 de la rue Dauphine : c'était alors, je crois, une institution.

— — *Cet hôtel de Lyon, cet hôtel de Hollande.* Autres hôtelleries ou maisons meublées du dernier rang. L'hôtel d'Hollande, rue du Colombier (aujourd'hui rue Jacob), était un peu plus relevé : on y mangeait à « table d'auberge », à 20, 30 et 40 sols par repas.

20, 4. *Le grand ballet de Psyché,* dont le succès n'était pas encore épuisé, puisqu'on en donnait des fragments à la suite même de la *Comtesse d'Escarbagnas.*

— 20. *M. Tibaudier le conseiller.* On donnait ce titre à tout officier royal de judicature. C'est, ici, un conseiller au siège présidial d'Angoulême, équivalant à notre juge au tribunal d'arrondissement.

— 21. *M. Harpin.* Nom tiré de la même racine que Harpagon, évoquant l'idée d'âpre et de dur.

— — *Le receveur des tailles.* Chaque élection avait son receveur des tailles, correspondant à notre percepteur des contributions.

22, 7. *Autre lourderie,* pour lourdauderie. On disait aussi lourdise, d'où balourdise.

— 15. C'est du bon-chrétien. Variété de grosse poire jaune et rose, assez estimée. Le bon-chrétien *d'Été* mûrit en août ; *d'Espagne,* en novembre ; le bon-chrétien *d'hiver* se mange de janvier à avril.

25, 4. *Ne me promet pas poires molles.* Locution proverbiale, pour dire, me menace de sévérité, me fait entrevoir des rigueurs.

25, 12. *Poires d'angoisse.* Sorte de poire d'un goût fort âpre. On nommait ainsi un instrument de torture qu'on introduisait dans la bouche du patient ; espèce de bâillon en fer qui étouffait les cris.

— 17. *Quelque mot qui n'est pas de l'Académie.* L'Académie française n'avait pas encore publié son *Dictionnaire*, dont la première édition est de 1694 : « Il y a plus de soixante-dix ans, — dit, en 1684, *Arlequin empereur dans la Lune*, — que l'on travaille après un dictionnaire qui ne sera pas encore achevé de deux siècles. » (Sc. dernière.)

27, 16. *Un pliant.* V. *Tartuffe* (acte II, sc. II) :

« Qui d'un siège *pliant* vous feront honorer. »

28, 10. Ce premier vers a quatorze pieds, comme l'avant-dernier.

29, 5. *Martial fait-il des vers !* La *Muse* de Loret parle, dès 1652, d'une fête donnée par ce gantier à la mode, parfumeur de la Cour, et valet de chambre de Monsieur.

— Un rabat de haut prix, des gants de franchipane,
Beaux et des mieux ambrés que vende *Martial*.
(*L'Ecuyer* ou *les Faux nobles mis au billon*,
de Claveret, 1665, I, 1.)

G. Guéret (*La Promenade de Saint-Cloud*, édition Monval, p. 37), parle de ces « fanfarons qui ne voudraient pas d'une paire de gants si elle ne venait de chez *Martial*. »

30, 10. *Je donne le bon vespres.* Forme pédantesque, provinciale et surannée de « je donne le bon soir (*vesper*) ».

— 23. *Dieu grâce !* Traduction littérale de *Deo gratias*. Nous disons encore : Dieu merci !

32, 1. *Des bons documents qu'on vous donne.* Enseignements, préceptes (*documenta*).

33, 17. *Omne viro soli.* C'est le vers par lequel débute le *Rudiment* des *Commentarii grammatici* (1537), qui était, encore au XVIIe siècle, la grammaire latine adoptée dans les collèges.

33, 24. *Jean Despautère*, grammairien du XVIe siècle, mort vers 1520 : on l'a appelé « le prince des grammairiens ».

34, 2. *La glose*. L'explication de la citation.

36, 5. *La tête, la mort et la sang.* « Par *la sang* », dit Silvestre, des *Fourberies de Scapin* : — par la sang-bleu, palsambleu.

38, 11. *Quittons la faribole*. Bagatelle, niaiserie. — « Il est homme à donner dans toutes les faribolles » (*Bourgeois gentilhomme*). Voir aussi *Tartuffe* et *Amphitryon*.

39, 2. *Les amants emportés deviennent à la mode*. Allusion probable aux héros de Racine, qui, depuis Oreste et Pyrrhus, avait donné Néron et, tout nouvellement, *Bajazet*.

— 17. *Je suis au poil et à la plume*, comme le chien qui chasse aussi bien la bête que l'oiseau : je me sers de l'épée comme de la plume.

41, 18. *Le reste du spectacle*, c'est-à-dire le divertissement de la *Pastorale* et des intermèdes composant le *Ballet des Ballets*.

42. *Bouts rimés*. Ce sonnet étant imprimé à la suite de la *Comtesse d'Escarbagnas* dans l'édition de 1682, nous avons cru devoir le faire figurer ici, heureux de montrer Molière supérieur dans tous les genres, même dans ceux qu'il dédaignait, et n'abordait que par ordre.

La mode n'en était ni nouvelle ni épuisée. Dès 1651, avait paru *l'Elite des bouts rimés de ce temps* (on y trouve plusieurs pièces de Bois-Robert), et, en 1682, Saint-Glas faisait représenter *Du Lot vaincu*, comédie dirigée contre la fureur des bouts rimés.

Imp. Jouaust, L. Cerf.

LES PIÈCES DE MOLIÈRE

PUBLIÉES SÉPARÉMENT

Avec Dessins de Louis Leloir, gravés par Champollion

NOTICES ET NOTES PAR AUG. VITU ET G. MONVAL

EN VENTE : *L'Étourdi*, 6 fr. — *Dépit amoureux*, 6 fr. — *Les Précieuses ridicules*, 4 fr. 50. — *Sganarelle, ou le Cocu imaginaire*, 4 fr. 50. — *Dom Garcie de Navarre*, 5 fr. 50. — *L'École des Maris*, 5 fr. — *Les Fâcheux*, 5 fr. — *L'École des Femmes*, 6 fr. — *La Critique de l'École des Femmes*, 5 fr. — *L'Impromptu de Versailles*, 4 fr. 50. — *Le Mariage forcé*, 5 fr. — *La Princesse d'Élide*, 5 fr. — *Dom Juan*, 6 fr. — *L'Amour médecin*, 5 fr. — *Le Misanthrope*, 6 fr. 50. — *Le Médecin malgré lui*, 5 fr. — *Mélicerte*, 4 fr. 50. — *Le Sicilien*, 4 fr. 50. — *Amphitryon*, 6 fr. — *George Dandin*, 6 fr. — *L'Avare*, 8 fr. — *Tartuffe*, 7 fr. 50. — *Monsieur de Pourceaugnac*, 6 fr. — *Les Amants magnifiques*, 6 fr. — *Le Bourgeois Gentilhomme*, 8 fr. 50. — *Psyché*, 6 fr. 50. — *Les Fourberies de Scapin*, 12 fr.

SOUS PRESSE : *Les Femmes savantes*.

DANS LE MÊME FORMAT

PETITE BIBLIOTHÈQUE ARTISTIQUE

Derniers ouvrages publiés :

CONTES DE LA FONTAINE, dessins d'ED. DE BEAUMONT, gravés par BOILVIN. 2 vol. . . . . 35 fr.
FABLES DE LA FONTAINE, dessins d'E. ADAN. 2 vol. 40 fr.
LETTRES PERSANES, de Montesquieu, dessins d'ED. DE BEAUMONT, gravés par BOILVIN. 2 vol. . . . . . . 30 fr.
FABLES DE FLORIAN, dessins d'ÉMILE ADAN . . 20 fr.
WERTHER, de Gœthe, gravures de LALAUZE. . . 20 fr.
LES QUINZE JOYES DE MARIAGE, 21 gravures de LALAUZE imprimées dans le texte. . . . . 30 fr.
MES PRISONS, dess. de BRAMTOT, gr. par TOUSSAINT. 20 fr.
LES CAQUETS DE L'ACCOUCHÉE, 14 gravures de LALAUZE imprimées dans le texte. . . . . 25 fr.
LE VICAIRE DE WAKEFIELD, gravures de LALAUZE. 2 vol. . . . . 25 fr.
LA NOUVELLE HÉLOÏSE, gravures d'HÉDOUIN hors texte, gravures de LALAUZE dans le texte. 6 vol. . . . . 45 fr.
MÉMOIRES DE MADAME DE STAAL; 9 gravures hors

www.ingramcontent.com/pod-product-compliance
Lightning Source LLC
LaVergne TN
LVHW052110090426
835512LV00035B/1485